AF253610

DOCUMENTS AUTHENTIQUES

CONCERNANT LA

CRÉANCE DE LA FRANCE

SUR L'ANGLETERRE

EN VERTU DE

CONVENTIONS GARANTIES PAR LES GRANDES PUISSANCES EUROPÉENNES, CONVENTIONS NON ABROGÉES PAR AUCUNE TRANSACTION INTERNATIONALE POSTÉRIEURE, ATTENDU QU'IL EUT FALLU, POUR LES ABROGER, LA SANCTION DU CORPS LÉGISLATIF FRANÇAIS, OMNIPOTENT POUR LES FINANCES DE L'ÉTAT.

PARIS

IMPRIMERIE ADMINISTRATIVE DE PAUL DUPONT,

RUE DE GRENELLE-SAINT-HONORÉ, 45.

1868.

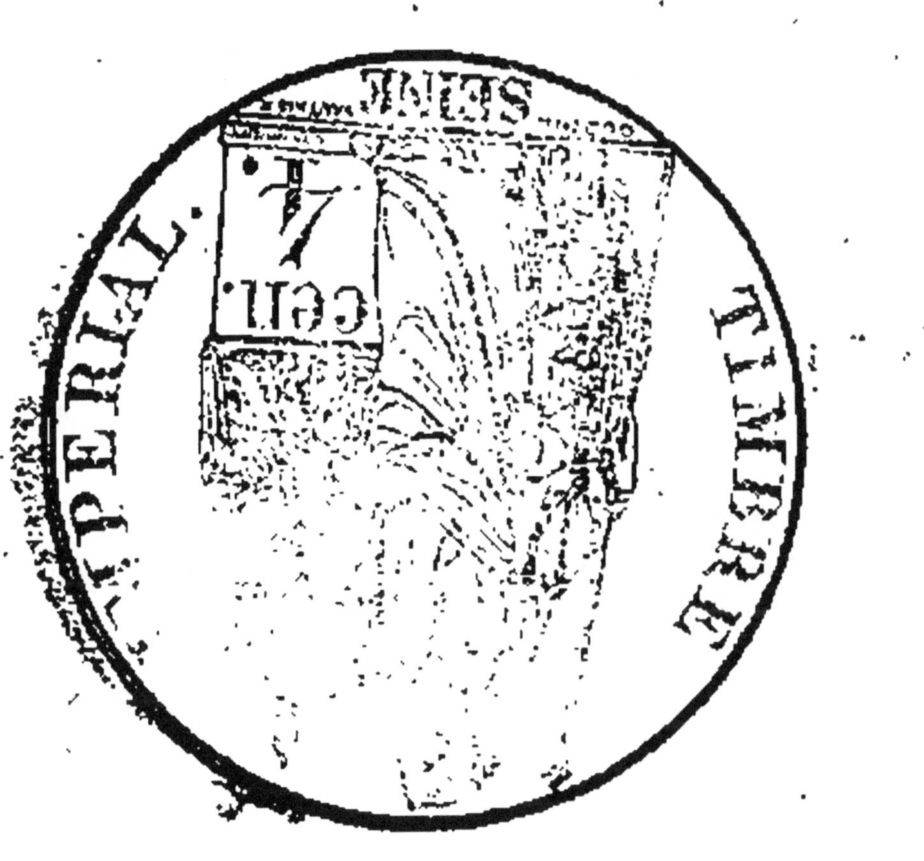
IMPERIAL.
TIMBRE
SEINE
7
cent.

DOCUMENTS AUTHENTIQUES

CONCERNANT LA

CRÉANCE DE LA FRANCE

SUR L'ANGLETERRE.

———— ◦ ————

Depuis 1862, je revendique le droit de la France sur la rentrée des fonds placés en dépôt dans les mains de l'Angleterre ; cette revendication très-légitime, j'en ai pris l'initiative au sein du Corps législatif, et tous les ans, avec la persévérance d'une conviction profonde, je la renouvelle en la forme d'un amendement au chapitre des ressources extraordinaires.

C'est une question de la plus haute importance que j'ai soulevée, sous l'inspiration d'un grand devoir à remplir ; après un demi-siècle de sommeil incompréhensible, cette question est sortie de l'oubli.

L'honorable M. Thiers a dit, au sujet de ma réclamation : *Rien ne se perd dans le monde moral comme dans le monde maté riel ; la réclamation de M. Belmontet le prouve.*

En effet, ce qui est dû à la France devra tôt ou tard lui être rendu ; c'est un droit à défendre.

Le silence de tous nos gouvernements avait sans doute fait penser à la trésorerie de la couronne d'Angleterre que la France renonçait à réclamer, et que notre générosité chevaleresque dispensait le gouvernement britannique du remboursement obligatoire contracté par lui, sous la garantie des grandes puissances de l'Europe.

Mais la question est maintenant posée entre les deux nations. Il faut qu'il y ait une solution; la dignité de deux grands Etats y est engagée, le Corps législatif ne faillira pas à ses devoirs, le pays le veut.

La presse, des deux côtes de la Manche, s'en est déjà préoccupée, et des deux côtés dans le même sens, le mien. Deux brochures fort remarquables ont parfaitement traité et démontré le droit de la France, créancière de l'Angleterre. L'une, dont l'auteur est M. le baron de Saint-Nexant, a été imprimée et publiée à Bruxelles, en 1865 ; la lumière sur la question y jaillit avec abondance; mais, dans cet ouvrage la vivacité de l'expression nuit à la force du raisonnement. Le droit n'a pas besoin de paroles brûlantes. L'autre brochure, toute récente, est de M. Henri Rodrigues, avocat à la cour impériale de Paris, chef du contentieux dans un des grands établissements financiers de la capitale; c'est un savant traité sur cette grave matière; il prouve d'une manière irréfutable, avec la logique rationnelle et serrée du jurisconsulte, la violation, par le gouvernement anglais, des conventions de 1815 et de 1818 et la légitimité de notre réclamation, Après l'avoir lu, tous les doutes s'évanouissent sur le droit de la France; moi, je ne doutais pas.

Un ministre belge, le financier le plus éminent de la Belgique,

M. L. Veydt, écrivait à M. de Saint-Nexant, de Bruxelles, en 1866, ces paroles de forte conviction sur la dette de l'Angleterre :

« Quant à la cause vraiment française dont vous, M. Bel-
« montet et M. le Baron, vous vous êtes constitués les éloquents
« défenseurs, d'après moi, elle ne peut plus se perdre. Il est
« désormais indubitable que le trésor vous devra une rentrée de
« plusieurs centaines de millions, même en admettant une
« transaction. J'ai lu vos énergiques et fondés considérants, *sunt*
« *diserta et fortia.* »

Les deux brochures ci-dessus indiquées se trouvent chez M. Dentu, libraire, au Palais-Royal. Il me semble que le gouvernement suivrait une impulsion de haute convenance nationale et de bonne politique en faisant distribuer ces plaidoyers d'intérêt public à chaque député pour l'instruction de tous. La lumière ne saurait trop se produire sur cette affaire importante et d'honneur national: *Fiat justitia*, et *ruat cœlum*, comme disait le journal le *Times*, en 1828, *sur la fausse appropriation* des *fonds français*, et, comme le répétait l'illustre chancelier Lyndhurst à la Chambre des lords:

Fiat lux! surtout au sein des deux gouvernements.

Il est juste de déclarer que tous les documents relatifs à la créance de la France, dans lesquels MM. Belmontet, de Saint-Nexant et Rodrigues ont puisé leurs convictions, ont été fournis par M. Le Baron, avocat, ancien officier d'ordonnance à la campagne de Russie, auteur du code des relations internationales, à Londres, code très-estimé dans la capitale de la Grande-Bretagne. M. Le Baron y a séjourné pendant vingt-cinq ans ; et, en vrai citoyen, il s'est rendu possesseur, avec des soins infinis et de longs sacrifices, de tous les éléments authentiques et officiels qui servent de base à ma réclamation.

Je lui en témoigne d'autant plus ma vive reconnaissance,

qu'un chef de service, au Ministère des affaires étrangeres, a
osé le blâmer de son intervention dans une question internationale dont le gouvernement ne l'avait point chargé de s'occuper,
disait-il; comme si tout loyal Français n'a pas le droit de sauve-
garder les intérêts de la patrie. Le blâme de l'agent ministériel
se permettait de remonter jusqu'à moi. C'est pour cela que je le
signale au jugement des représentants du pays. M. Le Baron
tient à la disposition du gouvernement impérial toutes les pièces
ustificatives du droit de la France; il n'y a pas à reculer.

Mais, pourquoi le silence de la France pendant 40 ans?
C'est que le droit n'a été ouvert pour elle que depuis 1861, par
la décision définitive du parlement anglais à l'égard d'une réclamation de 13 millions, sur les fonds indemnitaires français,
produite par M. le baron de Bode. La réclamation a été rejetée.

A ce sujet, il y a lieu de faire savoir au Corps législatif que
M. le baron de Bode a publié, à Londres, une consultation sortie
de l'imprimerie de M. Brettell, Rupert street, en 1845, laquelle
consultation avait été délibérée à Paris, le 21 novembre 1844,
et signée par MM. Gressier et Vincent, avocats. Elle était ap-
prouvée par MM. Marie, Chaix-d'Est-Ange, Paillet, Crémieux,
Dupin, Odillon-Barrot, Berryer et Duvergier, l'élite du barreau.

Il était dit, dans ce mémoire à consulter, page 26, que *sur les
fonds reçus par l'Angleterre, à* TITRE *de* FIDÉI-COMMIS, *sous la
convention n° 7 du traité de 1815 et de 1818, s'élevant à la
somme de 130 millions, portant 5 % d'intérêts composés, accumulés par semestres, avec jouissance de la rente à partir du
22 mars 1816, les commissaires n'ayant payé aux réclamants que
67,071,301, fr. 72 c. de capital sur les 130 millions, la couronne* DOIT RENDRE COMPTE, *soit aux réclamants, soit à la
France, d'un capital de 62,928,698 fr. 28 c., portant intérêts*

accumulés et composés, à 5 0/0 l'an, calculé toutefois par semestres.

Enfin, à la page 59 de cette consultation, il est dit que :

Le gouvernement anglais se trouva constitué le DÉPOSITAIRE, *le* GARDIEN *d'un énorme capital en bloc, et qu'il s'engagea à le remettre fidèlement à ceux au profit desquels la France exerçait cet acte de réparation. On ajoute : Le rôle du gouvernement anglais, en cette occurrence, aurait dû se borner à rendre ce qu'il avait reçu.*

Donc, ou indemniser le baron de Bode, ou restituer à la France la somme refusée à ce baron, et seulement *confiée* à l'Angleterre, dans le but spécial de l'indemnité. Voilà le principe de la créance solennellement établi par les avocats de notre barreau, et reconnu à la Chambre des lords.

Déjà en 1826, vingt ans avant, le journal anglais le *Times* avait flétri l'acte par lequel le gouvernement britannique ne restituait pas la portion libre du dépôt qui lui avait été confié par la France, et l'article renfermait à cet égard ces paroles sévères : *Il serait honteux que l'Angleterre eût fait un traité à gain.*

C'est en 1862 que, le premier, en ma qualité de député, c'est-à-dire de défenseur des intérêts de mon pays, j'ai réclamé ; et, conformément à la prophétie du *Times* qui, dans un article du 26 juin 1828, disait « que *si le surplus des fonds français n'était pas remis à la France,* PLUS TARD LES FRANÇAIS *feraient valoir cette affaire comme une preuve* D'EXTORSION *et de mauvaise foi de la Grande-Bretagne,* » oui ; le premier et le seul j'ai soulevé cette question de millions nous appartenant, et détournés de leur destination spéciale et individuelle par l'Angleterre, au détriment de notre trésor public.

Le débat, sur cette grave question (si entre nous un tel débat peut avoir lieu), a été constamment ajourné par des raisons plus ou moins spécieuses. Cependant, en 1864, les organes du gouvernement impérial ont tous déclaré qu'ils examineraient avec attention (pourquoi pas avec résolution ?) cette affaire importante. M. le ministre d'État, dans la séance du 7 mai (voir le *Moniteur*), dit ceci :

« Les observations présentées par l'honorable M. Belmontet
« se bornent à l'expression d'un vœu. Il désire que les docu-
« ments diplomatiques ou intérieurs, qui peuvent éclairer la
« question soulevée par lui, soient imprimés et soumis, l'an
« prochain, à la commission du budget et ultérieurement au
« Corps législatif ;

« Le gouvernement, *pour son compte*, ne fait aucune objec-
« tion à *l'exécution* de ce vœu. »

Il est bon d'ajouter que, d'après un engagement formel constaté par les procès-verbaux de la commission du budget, qui réclamait la publication de ces documents (1864), les commissaires du gouvernement en avaient annoncé l'impression pour la session suivante.

Pourquoi ne l'a-t-on pas fait ? Pourquoi n'avoir pas donné satisfaction au vœu d'une autre commission du budget, qui dans son rapport officiel, en 1867, s'exprimait en ces termes très-explicites :

« Vous connaissez, depuis longtemps déjà, la conviction de notre honorable collègue M. Belmontet relativement à l'existence d'une créance considérable au profit de la France sur l'Angleterre ; il l'a formulée de nouveau cette année.

« Votre commission s'estimerait heureuse qu'une ressource aussi précieuse pût figurer un jour intégralement dans nos budgets ; elle ne pouvait quant à présent, dans l'état d'instruction incomplète où cette question lui est soumise, exprimer une opinion suffisamment éclairée *sur la solution que l'avenir lui réserve;* mais elle ne voit que de l'avantage à la publication sur laquelle insiste notre honorable collègue, et elle est à l'avance convaincue qu'*aucune* des déclarations ou *des promesses faites* à l'occasion de cette réclamation par MM. les commissaires du gouvernement ne demeurera inexécutée. »

L'engagement pris par les organes du gouvernement n'a pas été maintenu. Expliquera qui voudra ce changement d'idée, dont voici les raisons invoquées par le ministre, et qui sont soumises à la saine appréciation du Corps législatif. (Séance du 28 juin 1866).

« Pour imprimer ces documents, il faut les demander au gouvernement anglais ; de plus, pour les livrer à la publicité, il faut y avoir une confiance directe et personnelle, comme l'honorable M. Belmontet ; il faut être convaincu que ces réclamations sont fondées.

« Mais il y a l'expression d'une conviction dans le fait d'imprimer ces documents et de les présenter comme étant les éléments d'une réclamation. Or, si le gouvernement pense que cette réclamation n'est pas fondée, il n'est point dans son rôle de faire imprimer ces documents. »

Cette déclaration, faite à la tribune française, cette *fin de non-recevoir* ont dû produire un grand étonnement en Angleterre où la restitution des fonds français de 1815 et de 1818 est parfaitement considérée comme devant avoir lieu un jour.

Voici ce qu'on lit dans la remarquable brochure de M. H. Rodrigues, récemment publiée.

« **La créance de la France contre l'Angleterre**, à raison

des sommes considérables que le gouvernement anglais a détournées de leur destination, sur les rentes françaises qu'il s'était fait remettre pour indemniser ses nationaux, est parfaitement connue en Angleterre de tous les personnages politiques; elle y a été, dans maintes circonstances, quoique incidemment, — et presque toujours à l'occasion de plaintes ou de pétitions de sujets anglais qui n'avaient pas été indemnisés par leur gouvernement, malgré les payements opérés pour leur compte par la France, conformément aux traités de 1815, — l'objet de discussions approfondies en plein Parlement, discussions dans lesquelles ont été entendus, à la Chambre des communes, des avocats célèbres; à la Chambre des lords, d'anciens ministres, des magistrats, des orateurs comme lord Lyndhurst, lord Fitz-William, lord Truro, lord Monteagle; elle a donné lieu à de nombreuses brochures; elle a été mentionnée à différentes époques, avec les détails les plus précis, dans des articles du *Times*, du *Morning-Chronicle*, du *Morning-Star*, du *Spectator*, etc.

« Il y a donc longtemps que les esprits étaient préparés en Angleterre à voir soulever la réclamation de la France pour le remboursement de cette créance, et nous ne craignons pas d'ajouter que les esprits y sont également préparés à voir donner, par le gouvernement anglais, à cette réclamation, la seule solution qu'elle comporte en honneur, en équité, comme en droit.

« Du reste, la question est posée...

« Existe-t-il, oui ou non, deux traités n'en faisant

qu'un, aux termes duquel l'Angleterre, ayant, et au point de vue politique et au point de vue moral, l'Europe pour garante, *s'est positivement obligée à rembourser* à la France toute la partie de la somme à elle confiée et non absorbée par ses créanciers *spéciaux?*

Doit-elle, oui ou non, payer, en même temps que les rentes non régulièrement absorbées, les *intérêts accumulés et composés* qui les grossissent? »

Voilà donc le point capital déterminé. La question marche.

M. le ministre d'Etat, dans la séance du 27 mai 1864, s'est exprimé ainsi, d'après le *Moniteur :*

« Croyez-le bien, s'il y avait dans la réclamation formulée par l'honorable **M.** Belmontet **UN DROIT CARACTÉRISÉ,** la France n'aurait *aucune hésitation* à le faire valoir, à l'égard de l'Angleterre comme de toute autre puissance.

« *Voix nombreuses.* Très-bien! très-bien! »

Eh bien, n'hésitons pas. L'Angleterre peut-elle échapper à la nécessité de remplir l'obligation contractée par elle, d'après une convention solennelle? Le trésor public anglais peut-il s'enrichir aux dépens du nôtre? Le gouvernement français peut-il, sans engager sa responsabilité, faire l'abandon, par voie de silence, d'une somme qui nous appartient, et dont l'Angleterre touche les arrérages, sous nos propres yeux, dans nos propres mains?

Le gouvernement impérial ne reste que le juge de l'opportunité du moment pour présenter notre réclamation, et dans la forme qu'il croira la plus utile à nos intérêts. Le Corps législatif a le droit de prendre l'initiative. Voilà sept ans que je réserve le principe de notre créance, sur l'invitation même du très-regrettable président du Corps législatif, M. de Morny. J'ai fait mon devoir, que le Corps législatif fasse le sien.

Puisque l'impression des documents, tant demandée, tant promise, est mise à ma disposition par le ministre, je m'exécute.

Des deux côtés du détroit, dans les deux Parlements, anglais et français, la question a eu un commencement de discussion. LL. EExc. MM. Rouher, et Gladstone, chancelier de l'échiquier ont exprimé leurs opinions personnelles relativement à ma réclamation mais sans pièces à l'appui, sans rien conclure. Ce ne sont pas des appréciations hypothétiques et privées de tel ou tel ministre qu'il faut à la conscience des deux grands Etats. Non, pas d'équivoques, pas de suppositions plus ou moins échappatoires. Y a-t-il un droit de la France? Y a-t-il un surplus à lui restituer? Il faut des preuves écrites, officielles, authentiques. A-t-on abrogé les dispositions de la Convention de 1815? La France a-t-elle renoncé à ses propres réserves? Dans ce cas, il est indispensable de prouver l'intervention et la sanction législative, par suite de nouvelles conventions intervenues, soit publiques, soit secrètes, entre les deux gouvernements; toujours avec la sanction des législateurs, bien entendu, dont l'omnipotence est seule *souveraine* dans toute question de finances d'Etat, et *obligatoire*.

A propos de la réponse du ministre Gladstone à la Chambre des communes, en 1866, sur l'interpellation d'un membre, sir Bowyer, relativement à ma réclamation, réponse en quelque sorte évasive, humoristique à la manière anglaise, mais dans laquelle M. Gladstone constate que le gouvernement français n'a jamais rien réclamé, le journal de Londres, le *Times*, produit quelques observations qu'il est bon de connaître. A cet effet, voici un article inséré dans le *Courrier* de Tarn-et-Garonne, avril 1866, qui en parle.

Courrier de Tarn-et-Garonne. — Mars 1866.

Les lecteurs du *Courrier* savent avec quelle énergie M. Belmontet s'occupe de la revendication d'une somme très-importante que l'Angleterre aurait dû rembourser à la France depuis plusieurs années. D'après une correspondance de Paris, que nous reproduisons, cette affaire ne tardera pas à être portée devant le Corps législatif.

Monsieur le Directeur,

Déjà plusieurs fois vous avez parlé, mais avec cette conviction dont a toujours été pénétré sur ce sujet M. Belmontet, député de Tarn-et-Garonne, cet ancien et sincère ami de l'Empereur, de la dette de l'Angleterre envers la France ; et cette dette qui, dans le premier amendement de cet honorable député, a soulevé quelques sourires ; qui, plus tard, a été l'objet d'un examen attentif ; qui, aujourd'hui, excite l'attention publique en France, ne l'excite pas moins en Angleterre. Là on ne traite point d'hallucination de poëte la conviction de M. Belmontet ; on la regarde comme une prédiction qui doit s'accomplir, *poeta vates*, parce qu'elle est basée, non-seulement sur des traités et des conventions politiques, mais encore sur des opinions émises en plein Parlement par les hommes d'Etat et les jurisconsultes les plus éminents de l'Angleterre ; et la presse anglaise, comme les grands hommes d'État anglais, est unanime sur cette grande vérité, que la France est aujourd'hui créancière de l'Angleterre pour des sommes considérables.

Et pourrait-il en être autrement ?

Lorsque, en 1828, le public anglais eut connaissance qu'on avait pris sur les fonds de l'indemnité française 250,000 livres sterling (6,250,000 francs) pour la construction du palais de Buckingham à Londres, le Times, ce grand journal qui dirige l'opinion publique en Angleterre, publia plusieurs articles.

Times, 26 juin 1828.

« Le gouvernement français paye au nôtre une certaine
« somme pour satisfaire à toutes les demandes des sujets bri-
« tanniques ; le total de cette somme n'a pas été appliqué au but
« proposé : que reste-t-il à faire du surplus ? Mais, nous le ré-
« pétons, il doit être remis à la France ; nous savons que, plus
« tard, les Français feront valoir cette affaire comme une
« preuve d'extorsion et de mauvaise foi de la Grande-Bretagne,
« de la perfidie et de la rapacité qu'elle apporte dans toutes
« ses transactions pécuniaires ; qu'elle a extorqué plus de mon-
« naie qu'elle ne pouvait exiger de la France, *pour certaine*
« *raison*, et qu'une partie en a été affectée à la construction du
« palais ! C'est avec de l'argent français que la demeure des
« rois d'Angleterre est bâtie en partie, avec de l'argent fran-
« çais avancé par ce peuple pour satisfaire aux réclamations
« de certains sujets britanniques ; nous le répétons de nou-
« veau, un gouvernement éclairé retournerait les 250,000 livres
« (6,250,000 francs) à la France. »

Or, ce que le *Times* disait en 1828, il le répète d'une manière plus explicite encore en 1866, c'est-à-dire trente-huit ans
après.

Times, 15 février 1866.

« Depuis quatre ans, le député de Montauban agite une
« question relative à une réclamation sur l'Angleterre d'environ
« 64 millions de francs qu'elle devrait payer à la France, et
« nous savons qu'il a l'intention de renouveler son amende-
« ment dans la session actuelle pour faire rentrer cette somme.
« Suivant un journal du soir, cette somme de 64 millions pro-

« vient des arrérages d'une rente de 6,500,000 francs, au
« capital de 130 millions que la France, en vertu d'arrange-
« ments passés en 1814, 1815 et 1818, remit à l'Angleterre
« pour indemniser les Anglais dont les propriétés mobilières et
« immobilières avaient été confisquées et vendues par le gou-
« vernement révolutionnaire. Les sommes payées à cet égard
« par le gouvernement anglais s'élevèrent seulement à
« 65,200,000 francs (en chiffres ronds), et M. Belmontet de-
« mande que le surplus, s'élevant à 64 millions et plus, soit
« réintégré dans le trésor français. *La Patrie* cite l'article 9 de
« la convention n° 7 du 20 novembre 1815, qui dit : « Lorsque
« toutes les sommes dues aux créanciers auront été payées, le
« surplus des rentes non assignées, avec la proportion d'intérêt
« accumulé et composé qui leur appartient, sera remis à la
« disposition du gouvernement français. » En parlant de cette
réclamation, la *Patrie* dit :

« L'Angleterre a employé 6,500,000 francs à la construction
du palais de Buckingham, à Londres ; 3,250,000 francs pour les
frais de couronnement du roi Georges IV ! C'est à ces faits que
lord Truro, ancien grand chancelier d'Angleterre, fait allusion
quand, entre autres choses, concernant l'emploi des 130 millions
de francs confiés par la France à l'Angleterre pour une spé-
cialité bien précisée, il dit dans la Chambre haute, le 1er août 1853:
« Quant à certaines portions de ces fonds, il est vrai qu'elles
« ont été employées à payer des dépenses à la charge du gou-
« vernement anglais, et qui auraient dû être acquittées par le
« trésor public, et non, par un abus de confiance, au moyen
« de fonds fournis pour un objet spécial par le traité. » Toutes
les fois qu'il a été fait mention dans le Parlement anglais de la
manière dont l'indemnité a été employée, les droits de la
France, comme ils sont soutenus par M. Belmontet, ont été reconnus. Des papiers officiels communiqués au Parlement et des
déclarations explicites des lords Truro, Lyndhurst, Fitzwilliam,
Monteagle, etc., etc., il est évident que l'Angleterre ne peut,
sans violer, non-seulement l'esprit, mais la lettre des traités
avec la France, répudier une réclamation si bien fondée. »

« La *Patrie* ajoute que MM. Martel, Berryer et Jules Favre prendront, à ce qu'on dit, part à la discussion que soulèvera l'amendement de M. Belmontet, quand le budget viendra devant la Chambre, et que le ministre d'État a déclaré qu'il désirait, au nom du gouvernement, que la lumière la plus complète se fît sur cette réclamation, qui, si elle obtient son effet, ne sera pas sans honneur pour le zèle persévérant que M. Belmontet aura mis à la poursuivre. »

« Soixante-quatre millions de francs réduiraient grandement le surplus de M. Gladstone et seraient une augmentation bien accueillie par le budget français. »

Il n'y a, sur cet article du *Times*, que deux remarques essentielles à faire : la première, c'est qu'en citant l'article 9 de la convention n° 7 du 20 novembre 1815, qui veut qu'en cas de surplus, ce surplus soit rendu à la France, le Times ne parle par d'*une transaction*, d'*un forfait*, qui abandonnerait ce surplus à l'Angleterre ; la seconde, c'est que le Times reconnaît que les 64 millions à retirer du surplus de budget annoncé par M. Gladstone doivent accroître le budget français, en y ajoutant bien entendu les intérêts accumulés et composés prescrits par cet article 9.

On voit donc que le Times, qui toujours défend si chaudement les intérêts de son pays, ne défend pas moins chaudement son honneur, sa loyauté, en disant, dans les articles ci-dessus rapportés, que si l'Angleterre doit à la France, elle est tenue de la payer ; comme on voit aussi que ses hommes d'État les plus éminents tiennent le même langage. Avis à la presse française.

J'ai l'honneur de vous présenter mes sentiments de haute confraternité.

Le Baron,

Avocat, ancien officier d'ordonnance à la campagne de Russie, auteur du Code des relations internationales, à Londres.

Rien ne consolide les alliances des grands peuples comme les preuves de loyauté dans l'exécution de leurs engagements réciproques. La France a tenu les siens. Les puissances étrangères l'en ont hautement louée. A l'Angleterre donc de mériter les mêmes éloges. Ce n'est plus qu'une question de compte à régler. Quoiqu'un ministre anglais, lord Monteagle, dans la Chambre des lords, en juin 1852, ait employé comme argument, contre les observations sévères de plusieurs grands personnages, le silence du gouvernement français relativement à la restitution de ses fonds restés libres, ce silence doit avoir un terme. Il n'y a jamais prescription d'Etat à Etat.

Ce silence d'un demi-siècle ne peut pas être, en France, un argument contre le droit français. Un lord a dit, en plein Parlement : *Interest reipublicæ ut sit finis litium.* Eh bien, après l'étude sincère et grave des documents, que le Corps législatif dise au gouvernement impérial quelle est la pensée des représentants du pays sur cette question de droit pour la France et de loyauté pour l'Angleterre.

Avril 1868.

L. BELMONTET.

Je mets ces observations sous le patronage de cette lettre de l'Empereur Napoléon Ier, relativement aux traités.

Lettre de Napoléon à M. de Champagny.

(Correspondance de Napoléon Ier. Tome XXII.)

6 février 1810.

« Les engagements des rois sont sacrés. Une dette

envers la France est comme versée au trésor public :
je ne suis plus le maître d'en disposer.

« Le traité fait avec la France n'est point un traité
éventuel, mais bien un traité positif. Son inexécution
serait un manque de bonne foi. »

AMENDEMENT DE M. BELMONTET.

CHAPITRE DES RESSOURCES EXTRAORDINAIRES.

Cet amendement ayant été dépouillé de ses explications financières, dans l'impression publique qui en a été faite, je le reproduis dans tout son entier ; c'est mon droit qu'on a eu tort de méconnaître.

Considérant que le gouvernement royal de la Restauration ayant été condamné en 1815 et 1818 à payer à la Sainte-Alliance la rançon de nos désastres, auxquels ce gouvernement était étranger ; et que, en dehors de toutes les contributions de guerre qui pesèrent sur la France, à cette époque de nos malheurs, l'Angleterre imposa à la royauté des Bourbons l'inscription au grand-livre de la dette publique d'une rente de 6,500,000 francs au capital de 130 millions de francs, à l'effet d'indemniser par portions de rentes nominales les sujets anglais qui avaient été lésés dans leurs intérêts personnels par les actes de la République et de l'Empire français ;

Considérant que le gouvernement de Louis XVIII, dans cette question spéciale à l'Angleterre, en subissant les engagements qu'on exigeait de la France, s'inspira d'une prudente prévision ; qu'il eut le courage de faire ses réserves et d'imposer, à son tour, à l'Angleterre l'engagement de rendre au trésor public français la portion de rentes relatives à des indemnités privées qui, après la répartition nominative faite entre tous les ayants droit anglais, n'aurait pas été employée et constituerait un excédant disponible, restant la propriété de la France ;

Considérant que cette clause de revendication, due à la sagesse de la Restauration, fut consentie par l'Angleterre sous la garantie des grandes puissances de l'Europe, ce qui fait honneur au gouvernement des Bourbons, au point de vue des intérêts futurs de la patrie, dont ce gouvernement ne voulait pas abandonner les droits, en face de la Sainte-Alliance, aux bons plaisirs de l'Angleterre ;

Considérant que le gouvernement royal qui, plus tard, sans s'inquiéter des susceptibilités de la Grande-Bretagne, fit la conquête de l'Algérie, aurait nécessairement rempli ses devoirs, en rappelant à l'Angleterre, en temps utile, l'échéance de sa signature, relativement à la restitution obligatoire du surplus provenant des 130 millions confiés à la loyauté du gouvernement anglais ;

Considérant que le droit de la France est réel ; qu'il n'y a jamais prescription, parce que les engagements entre les Etats sont imprescriptibles, car ils résultent de traités exécutoires non-seulement pour les souverains qui les ont signés, mais pour leurs successeurs ;

Considérant que le texte même des traités de 1815 relatifs à l'indemnité anglaise est conçu en termes explicites et formels, ainsi qu'il suit :

Convention n° 7 du 20 novembre 1815.

Art. 9. — « Il sera inscrit, comme fonds de garantie, sur le
« grand-livre de la dette publique de France, un capital de
« 3,500,000 francs de rente avec jouissance au 22 mars 1816,
« au nom de deux ou quatre commissaires, moitié anglais, moi-
« tié français, choisis par leurs gouvernements respectifs ; ces
« commissaires recevront lesdites rentes, à dater du 22 mars

« 1816, de semestre en semestre ; *ils en seront dépositaires*
« *sans pouvoir les négocier*, et ils seront tenus, en outre, à en
« placer le montant dans les fonds publics et à en percevoir les
« intérêts accumulés et composés au profit des créanciers.

« Dans le cas où les 3,500,000 francs seraient *insuffisants*, il
« sera délivré auxdits commissaires des inscriptions pour de plus
« fortes sommes, *et jusqu'à concurrence de celles qui seront*
« *nécessaires pour payer toutes les dettes mentionnées dans le*
« *présent acte ;* ces inscriptions additionnelles, s'il y a lieu, se-
« ront délivrées avec jouissance des mêmes époques que les
« 3,500,000 francs ci-dessus stipulés, *et administrées par les*
« *commissaires d'après les mêmes principes;* en sorte que les
« créances qui resteront à solder seront acquittées avec la même
« proportion d'intérêt accumulé et composé que si le fonds de
« garantie avait été suffisant dès le commencement : *et lorsque*
« *tous les payements dus aux créanciers auront été effectués*
« *le surplus des rentes non assignées, avec la proportion d'in-*
« *térêt accumulé et composé qui leur appartiendra, sera rendu,*
« *s'il y en a, à la disposition du gouvernement français.* »

Considérant que le principe de la restitution réservé pour la
France par les Bourbons est parfaitement indiqué ; considérant,
en outre, qu'en 1818, lors de la délivrance du territoire occupé
par les troupes alliées, *l'insuffisance des rentes prévue par la*
convention n° 7 ayant été reconnue, une nouvelle inscription
fut réclamée et accordée par une nouvelle convention aux mêmes
conditions, d'après les mêmes principes, ainsi qu'il suit :

Convention du 25 avril 1818.

« Sa Majesté Britannique et Sa Majesté Très-Chrétienne,
« désirant écarter tous les obstacles qui ont retardé jusqu'à
« présent *l'exécution pleine et entière de la convention* (*n° 7*)

« conclue en conformité de l'article 9 du traité du 20 novem-
« bre 1815, relative à l'examen et à la liquidation des réclama-
« tions des sujets de Sa Majesté Britannique, ont nommé......

« ART. 1er. — *A l'effet d'opérer le remboursement et l'ex-*
« *tinction totale, tant pour le capital que pour les intérêts des*
« *créances, des sujets de Sa Majesté Britannique,* dont le paye-
« ment est réclamé en vertu de l'article additionnel du traité du
« 30 mai 1814 et de la susdite convention (n° 7) du 20 novem-
« bre 1815, il sera inscrit sur le grand-livre de la dette publique
« de France, avec jouissance du 22 mars 1818, une rente de
« 3 millions, représentant un capital de 60 millions ; »

Considérant qu'il n'y a ni révocation implicite, ni révocation
explicite de la première convention n° 7, puisque la seconde de
1818 la rappelle dans son préambule et son article premier ;

Considérant qu'il y a lieu, après le remboursement total opéré,
de rendre à la France le surplus des rentes non employées ; car
même après la convention de 1818, si les nouvelles rentes avaient
été insuffisantes encore, l'Angleterre en aurait réclamé de nouvelles complémentaires; car elle voulait *l'extinction totale,* tant
pour le capital que pour les intérêts, des créances des sujets
anglais;

Considérant que le surplus des rentes non employées, s'élevant
au capital de 64,776,132 francs, devra être rendu au trésor public
français ;

L'existence de ce surplus est résolue affirmativement par la
commission anglaise de liquidation et par les comptes semes-
triels présentés publiquement par cette commission à la Chambre
des communes, depuis 1820 jusqu'en 1826.

Considérant que le droit de la France à cette réintégration

dans notre trésor public a été hautement et publiquement reconnu, soit dans la Chambre des lords, soit dans la Chambre des communes, par les jurisconsultes les plus éminents de l'Angleterre, notamment dans les séances du 14 juin 1852, du 1er août 1853, du 5 juin 1861 : ces personnages, la plupart anciens grands chanceliers, ont consacré *l'existence d'un reliquat appartenant à la France*. Que le *Times* lui-même, dans son numéro du 26 juin 1828, pressent que les fonds de la France, qui n'ont pas été appliqués au but proposé par les conventions, doivent être retournés à la France par un gouvernement éclairé, parce que les principes de bonne foi l'exigent ;

Attendu que, par toutes ces considérations de haute morale politique, de bon droit imprescriptible, et d'après les comptes authentiques de l'Angleterre elle-même dans son Parlement, c'est un devoir sacré pour le Corps législatif de contrôler, de surveiller et de poursuivre la rentrée dans les caisses de l'État, en vertu de traités qui n'ont pas été abrogés, de la somme de 64,776,132 francs, en capital, avec les intérêts accumulés et composés, d'après les stipulations formelles de ces mêmes traités ;

Attendu que l'Angleterre en a le dépôt confié à sa loyauté ; que c'est à elle qu'il conviendrait de prendre l'initiative de la restitution, en exécution de ses propres conventions, endossées solennellement par les grandes puissances ; que son honneur y est engagé ; qu'en gardant ce dépôt, elle donne de son plein gré à ce capital français, restant dans ses mains, le caractère d'un placement, dont les arrérages s'accroissent tous les ans et forment, en dernière analyse, les intérêts accumulés et composés établis et prévus par la convention de 1815 ;

Décide qu'il y a lieu, d'un côté, pour l'Angleterre, notre débitrice, de mettre le terme qui lui conviendra à ce compte couran qui est légitimement et duement l'actif de la France, réservé par le gouvernement de la Restauration depuis 1815.

D'un autre côté, il y a lieu pour la France d'inscrire à l'actif des ressources extraordinaires la somme de 64,776,132 francs, montant d'une créance, de la France sur l'Angleterre, en vertu des traités de 1815 et de 1818, sauf erreur sur le chiffre, pouvant être rectifié sur une apuration définitive des comptes ; enfin, qu'il y a lieu pour ce règlement international et liquidateur de créer une commission mixte, nommée par les deux gouvernements anglais et français, d'un commun accord.

L. BELMONTET,
Député de Tarn-et-Garonne.

PIÈCES JUSTIFICATIVES.

Traité de paix du 30 mai 1814.

ARTICLE 19. Le gouvernement français s'engage à faire liquider et payer les sommes qu'il se trouverait devoir d'ailleurs dans les pays hors de son territoire actuel, en vertu de contrats ou d'autres engagements formels passés entre des individus ou des établissements particuliers et les autorités françaises, tant pour fournitures qu'à raison d'obligations légales.

Articles additionnels au traité de paix du 30 mai 1814.

ART. 2. Le gouvernement britannique et le gouvernement français nommeront incessamment des commissaires pour liquider leurs dépenses respectives.

ART. 4. Il sera accordé, de part et d'autre, aussitôt après la ratification du présent traité, mainlevée du séquestre qui aurait été mis depuis l'an 1792 sur les fonds, revenus, créances et autres effets quelconques des hautes parties contractantes, *ou de leurs sujets.*

Les mêmes commissaires, dont il est fait mention à l'article 2, s'occuperont de l'examen et de la liquidation des réclamations des sujets de Sa Majesté Britannique envers le gouvernement français, pour la valeur des biens meubles et immeubles indûment confisqués par les autorités françaises, ainsi que pour la perte totale ou partielle de leurs créances ou autres propriétés indûment retenues sous le séquestre depuis l'année 1792.

Traité de paix du 20 novembre 1815.

ART. 9. Les hautes parties contractantes s'étant fait repré-

senter les différentes réclamations provenant du fait de la non-
exécution des articles 19 et suivants du traité du 30 mai 1814,
ainsi que des articles additionnels de ce traité signés entre la
Grande-Bretagne et la France, désirant rendre plus efficaces
les dispositions énoncées dans ces articles, et ayant à cet effet,
déterminé par deux conventions séparées la marche à suivre de
part et d'autre pour l'exécution complète des articles susmen-
tionnés, lesdites deux conventions, telles qu'elles se trouvent
jointes au présent traité, auront la même force et valeur que si
elles y étaient textuellement insérées.

Convention n° 7 du 20 novembre 1815.

ART. 9. Il sera inscrit comme fonds de garantie sur le grand-
livre de la dette publique de France un capital de 3,500,000
francs de rente, avec jouissance du 22 mars 1816, au nom de
deux ou quatre commissaires, moitié anglais, moitié français,
choisis par leurs gouvernements respectifs. Ces commissaires
recevront lesdites rentes, à dater du 22 mars 1816, de semestre
en semestre ; *ils en seront dépositaires, sans pouvoir les négocier,*
et ils seront tenus, en outre, à en placer le montant dans les
fonds publics, et à en percevoir l'intérêt accumulé et composé
au profit des créanciers.

Dans le cas ou les 3,500,000 francs seraient insuffisants, il
sera délivré auxdits commissaires des inscriptions pour de plus
fortes sommes et JUSQU'A CONCURRENCE de CELLES qui seront
NÉCESSAIRES pour payer TOUTES LES DETTES MENTIONNÉES dans le
présent acte. Ces inscriptions additionnelles, s'il y a lieu, seront
délivrées avec jouissance des mêmes époques que les 3,500,000
francs ci-dessus stipulés, et administrées par les commissaires
D'APRÈS LES MÊMES PRINCIPES, en sorte que les créances qui resteront à solder, seront acquittées avec la même proportion
d'intérêt accumulé et composé que si le fonds de garantie avait
été suffisant dès le commencement : *et lorsque tous les paye-*
ments dus aux créanciers auront été effectués, le surplus des
rentes non assignées, avec la proportion d'intérêt accumulé et

*composé qui leur appartiendra, sera rendu, s'il y en a, à la
disposition du gouvernement français.*

Convention n° 7 du 20 novembre 1815.

ART. 12. *Un nouveau délai sera accordé,* après la signature
de la présente convention, aux sujets de Sa Majesté Britannique
formant des prétentions sur le gouvernement français pour des
objets spécifiés dans le présent acte, à l'effet de faire leurs
réclamations et de produire leurs titres. Ce *délai sera de trois
mois* pour les créanciers qui sont résidants en Europe, *de six
mois* pour ceux qui sont dans les colonies occidentales, et de
douze mois pour ceux qui sont dans les Indes orientales ou
dans d'autres pays également éloignés.

*Après ces époques, lesdits sujets de Sa Majesté Britannique
ne seront plus admissibles à la présente liquidation.*

ART. 13. A l'effet de procéder aux liquidations et reconnais-
sances des créances mentionnées aux articles précédents, il sera
formé une commission composée de deux Anglais et de deux
Français, qui seront désignés et nommés par leurs gouvernements respectifs.

Ces commissaires, après avoir reconnu et admis les titres,
procéderont, d'après les bases indiquées, à la reconnaissance,
liquidation et fixation des sommes qui seront dues à chaque
créancier.

A mesure que ces créances auront été reconnues et fixées,
ils délivreront aux créanciers les deux certificats mentionnés
dans l'article 10, l'un pour le capital et l'autre pour les
intérêts.

Première convention du 25 avril 1818

*Conclue entre Sa Majesté Très-Chrétienne et les cours d'Au-
triche, de la Grande-Bretagne, de Prusse et de Russie.*

Au nom de la sainte et indivisible Trinité,

Les cours d'Autriche, de la Grande-Bretagne, de Prusse et

de Russie, signataires du traité du 20 novembre 1815, ayant reconnu que la liquidation des réclamations particulières à la charge de la France, fondée sur la convention conclue en conformité de l'article 9 dudit traité, pour régler l'exécution des articles 19 et suivants du traité du 30 mai 1814, *était devenue, par l'incertitude de sa durée et de son résultat, une cause d'inquiétude toujours croissante pour la nation française*, partageant, en conséquence, avec Sa Majesté Très-Chrétienne le désir *de mettre un terme à cette incertitude par une transaction destinée à éteindre toutes ces réclamations moyennant une somme déterminée*, lesdites puissances et Sa Majesté Très-Chrétienne ont nommé pour leurs plénipotentiaires, savoir :

Sa Majesté le roi de France et de Navarre : .

Le duc de Richelieu, son ministre secrétaire d'État des affaires étrangères ;

Sa Majesté l'Empereur d'Autriche :

Le baron Vincent, son envoyé extraordinaire et ministre plénipotentiaire près Sa Majesté Très-Chrétienne ;

Sa Majesté le roi du Royaume-Uni de la Grande-Bretagne et d'Irlande ;

Le sieur Charles Stewart, son ambassadeur extraordinaire et ministre plénipotentiaire près Sa Majesté Très-Chrétienne ;

Sa Majesté le roi de Prusse :

Le comte de Golz, son envoyé extraordinaire et ministre plénipotentiaire près Sa Majesté Très-Chrétienne ;

Et Sa Majesté l'empereur de toutes les Russies :

Le comte Pozzo-di-Borgo, son ministre plénipotentiaire près Sa Majesté Très-Chrétienne ;

Et, attendu qu'elles ont considéré que le concours de Son Excellence M. le maréchal duc de Wellington contribuerait efficacement au succès de cette négociation, les plénipotentiaires soussignés, après avoir arrêté de concert avec lui et d'accord avec les *parties intéressées, les bases de l'arrangement à con-clure*, sont convenus, en vertu de leurs pleins pouvoirs, des articles suivants :

Aʀᴛ. 1ᵉʳ. A l'effet d'opérer l'extinction totale des dettes con-tractées par la France, dans les pays hors de son territoire actuel, envers des individus, des communes ou des établisse-ments particuliers quelconques, dont le payement est réclamé en vertu des traités du 30 mai 1814 et du 20 novembre 1815, le gouvernement français s'engage à faire inscrire sur le grand-livre de sa dette publique une rente de 12,040,000 francs représentant un capital de 240,800,000 francs.

Aʀᴛ. 5. Au moyen des stipulations contenues dans les articles précédents, *la France se trouve complétement libérée, tant pour le capital que pour les intérêts prescrits par l'article 18 de la convention (nᵒ 13) du 20 novembre, 1815 des dettes de toute nature prévues par le traité du 30 mai 1814 et la con-vention (nᵒ 13) du 20 novembre 1815, et réclamées dans les formes prescrites par la susdite convention, de sorte que les-dites dettes seront considérées à son égard comme éteintes et annulées, et ne pourront jamais donner lieu contre elle à aucune espèce de répétition.*

Aʀᴛ. 7. La rente qui sera créée en vertu de l'article 1ᵉʳ de la présente convention sera répartie entre les puissances ci-après nommées, ainsi qu'il suit.

. . . .

Iles Ioniennes, île de France et autres pays sous la domi-nation de Sa Majesté Britannique 150,000 francs.

(Cette portion des sujets de sa Majesté Britannique qui ne sont pas sujets naturels nés, sont donc satisfaits par cette rente de 150,000 francs accordée par transaction, par forfait, et n'ont aucune réclamation à faire à la France, qui est totalement libérée envers eux.)

2ᵉ Convention.

Articles additionnels, signés à Paris le 4 juillet 1818 entre les cours de la Grande-Bretagne et de France en conséquence de l'article séparé du 25 avril 1818.

Les cours de la Grande-Bretagne et de France étant convenues de terminer *par une transaction à l'amiable* les difficultés qui se sont opposées jusqu'à ce jour à la liquidation complète et au payement des créances des sujets de Sa Majesté Britannique, dont les réclamations étaient fondées sur l'article additionnel de la convention du 20 novembre 1815 confirmé par l'article additionnel de la convention du 25 avril dernier ;

Les soussignés,

Chevalier Charles Stewart, ambassadeur extraordinaire et ministre plénipotentiaire de Sa Majesté Britannique près la cour de Sa Majesté Très-Chrétienne,

Et le duc de Richelieu, ministre secrétaire d'Etat au département des affaires étrangères de Sa Majesté Très-Chrétienne et président du conseil de ses ministres,

Munis de l'autorisation de leurs gouvernements respectifs,

Sont convenus de ce qui suit :

ART. 1ᵉʳ. *Le montant total des payements à faire par la France pour l'acquittement et l'extinction totale des créances des sujets de Sa Majesté Britannique,* fondé sur la décision de Sa Majesté Très-Chrétienne, relativement aux marchandises anglaises introduites à Bordeaux par suite du tarif des douanes publié le 24 mars 1814, est fixé à la somme de 450,000 francs.

Le cas de l'insuffisance des premières rentes inscrites en 1815 au profit des sujets anglais s'étant présenté, une nouvelle convention consacra l'inscription des rentes additionnelles et complémentaires prévues par la convention de 1815, d'après les mêmes principes.

3e Convention.

Entre Sa Majesté Britannique et Sa Majesté Très-Chrétienne, signée à Paris le 25 avril 1818,

Sa Majesté Baitannique et Sa Majesté Très-Chrétienne, désirant écarter tous les obstacles qui ont retardé, jusqu'à présent, *l'exécution pleine et entière de la convention (n° 7) conclue en conformité de l'article 9 du traité du 20 novembre 1815, relative à l'examen et à la liquidation des réclamations des sujets de Sa Majesté Britannique envers le* gouvernement français, ont nommé pour leurs plénipotentiaires, savoir :

Sa Majesté Britannique :

Le sieur Charles Stewart, son ambassadeur extraordinaire et plénipotentiaire près Sa Majesté Très-Chrétienne;

Et Sa Majesté Très-Chrétienne :

Le duc de Richelieu, son ministre et secrétaire d'État des affaires étrangères et président du conseil de ses ministres ;

Lesquels, après s'être communiqué leurs pleins pouvoirs respectifs, sont convenus des articles suivants : (7 *p* 44)

ART. 1er *A l'effet d'opérer le remboursement et l'extinction totale, tant pour le capital que pour les intérêts, des créances des sujets de Sa Majesté Britannique, dont le payement est réclamé en vertu de l'article additionnel du 30 mai 1814, et de la susdite convention n° 7 du 20 novembre 1815, il sera inscrit sur le grand-livre de la dette publique de France, avec jouissance du 22 mars 1815, une rente de 3 millions de francs représentant un capital de 60 millions de francs.*

Déclaration des cinq grandes puissances.

(Le 20 novembre 1815.)

« *Les hautes parties contractantes se promettent récipro-*

quement de *maintenir dans* SA FORCE ET VIGUEUR le traité signé aujourd'hui avec Sa Majesté Très-Chrétienne, et de veiller à ce que les stipulations de ces traités, *ainsi que celles des conventions particulières qui s'y rapportent, soient* STRICTEMENT ET FIDÈLEMENT *exécutées* dans TOUTE LEUR ÉTENDUE. »

Déclaration des cinq grandes puissances.

(Aix-la-Chapelle 15 novembre 1818.)

« Les souverains, en formant cette union auguste, ont regardé comme sa base fondamentale leur invariable résolution de ne jamais s'écarter, ni *entre* eux ni dans leurs relations avec d'autres états, de *l'observation* LA PLUS STRICTE *du droit des gens*, principes qui, dans leur application à un état de paix permanent, *peuvent* SEULS garantir efficacement l'indépendance de chaque gouvernement et la *stabilité* de l'association générale.

« Les *peuples* qu'ils gouvernent leur prescrivent de donner au *monde*, autant qu'il est en eux, l'exemple de la *justice*, de la *concorde* et de la *modération*.

« Quant à l'exécution des engagements, les communications que, dès l'ouverture des conférences, M. le plénipotentiaire de Sa Majesté Très-Chrétienne a adressées à ceux des autres puissances, n'ont laissé aucun doute sur cette question, en prouvant *que le gouvernement français à rempli, avec* L'EXACTITUDE LA PLUS SCRUPULEUSE ET LA PLUS HONORABLE TOUTES LES CLAUSES DES TRAITÉS ET CONVENTIONS DU 20 NOVEMBRE, *et, en proposant pour celles de ces clauses dont l'accomplissement était réservé à des époques plus éloignées, des* ARRANGEMENTS SATISFAISANTS POUR TOUTES LES PARTIES CONTRACTANTES. »

Emploi des fonds français.

COMPTE

Des sommes reçues du gouvernement français pour la liquidation des réclamations des sujets anglais et le mode suivi pour leur payement, avec le compte des dépenses de la commission par année, ainsi que les particularités de l'établissement et les dépenses de chaque nature, en l'année 1827.

(Compte rendu officiel)

COMPTE DES RÉCLAMATIONS N° 7.	RENTES perpétuelles.	RENTES perpétuelles.
	francs	*francs*
Reçu du gouvernement français.	....	6.500.000 »
Accumulation d'intérêts ou dividendes, antérieurement à la distribution faite aux réclamants.........,..	....	1.347.427 »
Total.............	....	7.847.427 »
Employé à payer 308 réclamations liquidées à Paris	2.901.806 »	
Employé à payer 439 réclamations liquidées à Londres..	2.590.879 »	
Intérêts et dividendes accumulés au profit de ces réclamations liquidées	1.521.863 »	
Payé aux employés du trésor français présents aux transferts des rentes.......................................	701 »	
Remis à différentes époques à l'Angleterre, pour payer les dépenses de la commission, à raison de 2 0/0, sur le montant des sommes distribuées et déduits du montant des sommes liquidées et payées aux réclamants selon la prescription de l'acte de la 59e année du règne de Georges III, chapitre 31......	132.178 »	
Total des sommes liquidées et payées...	7.147.427 »	7.147,427 »
Surplus.........	....	700.000 »

(*Extrait du Livre bleu.*)

Tableau authentique en anglais.

AN ACCOUNT

Of the Liquidation of British Claims on the Government of France, laid before the Finance Committee, in 1828, which ;was presented to the House, upon *the 24th day of June* 1829.

(Ordered, by *the House of Commons*, to be printed, 29 march 1831).

AN ACCOUNT

Of the Amount received from the Government of France *for the Liquidation of the* Claims *of* British *subjects, and the manner in which the same has been applied; together with an Account of the Expenses of the* Commission *in each Year, and the* Particulars *of the* Establishment *and* Expenses *of every kind in the Year* 1827.

		AN ACCOUNT OF CLAIMS of British subjects who had suffered confiscation in 1793. Convention n. 7.
	francs Rente Perpétuelle	*francs* Rente perpétuelle
Received from the French Government...........	....	6.500.000
Add, Accumulation of interest accrued previously to the Distribution to the several Claimants.........	....	1.347.427
Total.....................	... .	7.847.427
Applied, in payment of 308 Claims adjudicated at Paris...................	2.901.806	
— 439 Claims adjudicated in London.................	2.590.879	
— accumulated Interest on such Claims....................	1.521.863	
— to Clerks of French Treasury, who assisted in transfer of Rente, etc.........	701	
Remitted at various times to England to pay the Expenses of the Commission, being two per cent on the Amount distributed, deducted from the Amount awarded to the Claimants by authority of the Act of 59 Geo. 3. c. 31..............................	132.178	7.147.427
Balance remaining.................	....	700.000

(AN ACCOUNT OF BRITISH CLAIMS ON FRANCE)

The present Commissioners were appointed in 1816 ; and by sect. 10 of 59 Geo. 3. c. 31. an Appeal was given from the Award of the Commissioners to His Majesty in Council. 28 Appeals were in consequence presented and heard; and the three last Judgments of the Court of Appeal were communicated to the Board on the 24th July 1826; and on the second day after such communication, viz. on the 2th of the same month, the Board notified that they had finally closed the Business under Convention n° 7.

Mais ce surplus de 700,000 francs de rente, au capital de 14 millions de francs, n'est pas exact ; car en réunissant au compte de la commission mixte les comptes que la commission anglaise était tenue de rendre tous les six mois à la chambre des communes, on trouve qu'il a été liquidé et payé par les deux commissions une somme de 65,223,867 fr. 39 c. ; la France avait confié 130 millions de francs, il y a donc un surplus de 64,776,132 fr. 71 c.

Preuve.

En réunissant les sommes rejetées par les deux commissions, mixte de Paris et anglaise de Londres, aux sommes payées en dehors du vœu des traités, on retrouve cette somme de 64,776,132 fr. 71 c.

Ainsi :

La commission mixte de Paris a rejeté vingt et une réclamations, pour le payement desquelles il avait été demandé par les réclamants, une somme de .... 2,223,047^{fr}26

La commission anglaise de Londres en a rejeté trois cent quatre-vingt-trois, pour le payement desquelles il avait été demandé..... 56,603,085 45

Pris pour la construction du palais de Buckinghám à Londres .... 2,500,000 »

Pris pour les frais de couronnement de George IV............................. 3,450,000 »

Total et somme égale........ 64,776,132^{fr}71

Donc cette somme compose le surplus ou excédant devant être restitué à la France et par conséquent pouvant être inscrit à l'actif des ressources extraordinaires.

Fausse appropriation des fonds français.
Times, 6 juin 1828.

(Statut 59e année de George III, Chapitre 31 (19 mai 1819).

*Acte pour autoriser certains commissaires à mettre à exécution
complète les différentes conventions relatives à la liquidation
des réclamations des sujets anglais et autres, contre le
gouvernement de France.*

Peu de temps après la conclusion des deux conventions du
25 avril 1818, les commissaires anglais à Londres reçurent,
par un brevet du 15 juin 1818, la mission de liquider les réclamations des sujets de Sa Majesté Britannique, conformément
aux clauses des diverses conventions intervenues entre les deux
gouvernements.

Postérieurement à cet acte, le gouvernement anglais présenta
un bill spécial pour la nomination des commissaires de la liquidation, de l'arbitrage et du dépôt, et le 19 mai 1819 un acte du
parlement, désigné sous le nom de statut 59e du roi George III,
nomma spécialement comme commissaires les personnes qui s'y
trouvent désignées, « à l'effet de mettre à exécution complète
« les différentes conventions passées pour liquider les récla-
« mations des sujets anglais et autres contre le gouvernement
« français. »

Cet acte commence par une analyse étendue des conventions
du 20 novembre 1815 et du 25 avril 1818, dans toutes celles
de leurs dispositions qui intéressent l'Angleterre; ainsi dans les
actes du 20 novembre 1815 et du 25 avril 1818 relatifs aux
réclamations des sujets des puissances continentales, le statut
résume tout ce qui a trait aux réclamations des sujets des Iles
Ioniennes et de l'Ile de France, et ce qui concerne les réclamations des négociants anglais de Bordeaux; et nous savons que
sur ces trois points il y a eu entre le gouvernement français et
le gouvernement anglais une transaction expresse; le statut
analyse également avec quelque étendue les principales dispo-

sitions des conventions anglaises des 20 novembre 1815 et
25 avril 1818.

Puis l'acte ajoute :

« Considérant qu'il est expédient de pourvoir à l'exécution
des pouvoirs à donner aux différents commissaires.

« Art. 1ᵉʳ. A l'effet d'autoriser lesdits commissaires liquidateurs, arbitres et juges à compléter l'examen et la liquidation
des réclamations des personnes dont les noms et les demandes
auront été, par leurs ordres, dûment inscrits sur les registres
ci-devant mentionnés, il sera loisible auxdits commissaires, et
ils sont autorisés par les présentes, conformément aux formes
et modes observés jusqu'ici, et déduction faite des 2 % retenus
comme ils l'ont été sur les liquidations déjà faites ainsi qu'il a
été dit, d'attribuer, répartir et distribuer les différentes sommes
à recevoir de la France, en vertu des conventions susdites, et
d'en ordonner le payement aux différents réclamants dont les
noms auront été dûment inscrits sur lesdits registres, et,
lorsque ces réclamants auront été reconnus avoir droit à tout
ou partie de leurs réclamations, à leur payer la somme qui sera
reconnue leur être due en totalité, si les sommes reçues ou à
recevoir à cet effet du gouvernement français sont trouvées
suffisantes pour le payement en totalité de toutes les réclamations qui auront été prévues par les dispositions desdites conventions ou l'une d'elles, ou en partie et proportionnellement,
si lesdites sommes sont insuffisantes pour le payement en totalité
de ces réclamations, et que ce payement total ou partiel ou que
le rejet de toute réclamation qui, par lesdits commissaires, ou
sur appel au conseil de Sa Majesté, comme il sera dit ci-après,
sera reconnue n'être pas prévue par les dispositions desdites
conventions ou l'une d'elles, que ces payements total, partiel
ou rejet seront respectivement finals et décisifs et seront con-
sidérés comme le solde et l'entière décharge du gouvernement
français et du gouvernement de Sa Majesté à l'égard de toutes
demandes relatives aux réclamations prévues par lesdites con-

ventions ou l'une d'elles, et qui ont été inscrites sur les registres dans les délais fixés à cet effet par lesdites conventions.

(Les articles 2, 3, 4, 5, 6, 7, 8, 9, 10, 11, 12, 13, 14 et 15 règlent les formes de procéder devant les commissaires liquidateurs ou devant le comité judiciaire du conseil privé du Roi, institué cour d'appel pour reviser les décisions des commissaires liquidateurs).

C'est dans l'article 16 que se trouvent la tentative d'appropriation au profit du gouvernement anglais d'une partie de l'indemnité française, et le transport des rentes inscrites à l'Angleterre, en violation des traités.

Voici cet article :

ART. 16. — Tant que le capital inscrit sur le grand-livre de la dette publique de France, en conformité et pour l'accomplissement des différentes conventions ci-devant relatées, ou tant qu'une portion de ce capital restera aux noms desdits commissaires dépositaires et n'aura pas été appliqué à la liquidation des réclamations des sujets de Sa Majesté, conformément auxdites conventions ou à l'une d'elles, il sera loisible auxdits commissaires dépositaires, en recevant des ordres, à cet effet, du principal secrétaire d'État de Sa Majesté, pour les affaires étrangères et des commissaires du trésor de Sa Majesté, pour le Royaume-Uni de la Grande-Bretagne et d'Irlande, ou de trois d'entre eux de vendre ou céder tout ou partie de ce capital ainsi inscrit sur le grand-livre de la dette publique de France et resté ainsi sans application, et de transférer les produits de cette vente en Angleterre aux commissaires-liquidateurs-arbitres-juges aux termes du présent acte, pour être par eux placés en bons de l'Echiquier ou autres valeurs publiques portant intérêts, à l'effet d'être employés au payement ou à la liquidation des réclamations reconnues, ou si ces réclamations étaient payées ou liquidées, à telles autres fins que lesdits commissaires du trésor alors en fonctions, ou trois d'entre eux, ordonneraient auxdits commissaires-liquidateurs-arbitres-juges de les employer. Ces bons de l'Échiquier ou autres valeurs publiques portant intérêts seront déposés entre les mains du gouverneur de la Compagnie de la banque d'Angleterre au compte et aux noms des commissaires-liquidateurs-arbitres-juges, en vertu des présentes et seront et resteront à la disposition de ces commissaires pour être vendus, et le produit en être payé et employé aux fins ci-dessus spécifiées.

(Les articles 17 et 18, qui sont les derniers, sont relatifs aux modes dont les commissaires-liquidateurs ou dépositaires sont tenus de rendre compte de leurs opérations à la Chambre des communes.)

Explication.

Tel est le statut et notamment son article 16, en vertu duquel les lords de la trésorerie se sont permis de disposer du surplus appartenant à la France, aux termes des deux conventions du 20 novembre 1815 et du 25 avril 1818.

C'est ce statut que lord Truro, ancien grand chancelier d'Angleterre et vice-président de la Chambre des lords, a nommé dans la séance du 1er août 1853 une loi mauvaise, injuste, frauduleuse — he complained of that law as wicked unjust and fraudulent. (Voir le *Times* du 2 août 1853, page 2, col. 6e, *in fine* et p. 3, col. 1re *in principio*.)

C'est en parlant de ce statut que le comte lord Fitzwilliam dit à la séance du 12 janvier 1852 : « Pourquoi, Milords, en discu-
« tant une question de nation à nation, craindrais-je de faire
« naître l'idée, que le surplus, quel qu'il soit, dût aller, non
« dans l'Échiquier de l'Angleterre, mais dans l'Échiquier de la
« France? — Why then My lords, I apprehend, in discussing
« a question between nation and nation, that whatever surplus
« may remain ought to go not in to the Exchequer of England,
« but in the Exchequer of France ? » (Brochure in-8° de 1852 —
p. 31 *in fine* et 32 *in principio*.)

C'est en parlant de ce statut que lord Monteagle, qui fut chancelier de l'Echiquier dit : « Ce reproche des nobles et savants
« lords, d'avoir fait un mauvais emploi des fonds de la France

« ne peut produire autant d'effet que s'il venait du gouverne-
« ment français ; or, je ne sache pas que ce gouvernement se
« soit jamais plaint de l'emploi de ses fonds : That objection does
« not come so well from the noble and learned Lords, as it would
« have come from the French Gouvernment : and I never yet
« heard that they have complained of the appropriation of the
« money. » — Brochure in-8° de 1854, p. 77.)

C'est en parlant de cette loi que lord Lyndhurst dit : « Nous
« avons passé une loi par laquelle l'or de la France a été mis à
« la disposition des lords de la Trésorerie; et ceux-ci, sans avoir
« égard aux causes de cette remise, ont jugé à propos de l'em-
« ployer à acquitter des dettes à la charge de l'État.— We have
« passed a law by which this money has been placed at the dis-
« posal of the Lords of the Treasury, and they, disregarding the
« object for which it was advanced, have thought proper to apply
« it in discharge of various debts due from the public. » (Brochure in-8° de 1854, p. 29.)

C'est enfin en parlant de cette loi que M. Hodgkin, éminent
jurisconsulte à Londres, dit dans une consultation : « C'est à mon
« avis, un principe clair du droit des gens, que la loi munici-
« pale d'un pays ne peut annuler les dispositions d'une loi inter-
« nationale, ou déchirer un contrat solennellement passé avec
« le gouvernement d'un autre pays. » (Brochure in-8° de 1860,
p. 6 *in fine*.)

On voit donc, dans cette réclamation, que les droits de la
France sont reconnus et prouvés par les hommes politiques et
les jurisconsultes les plus éminents de l'Angleterre elle-même.

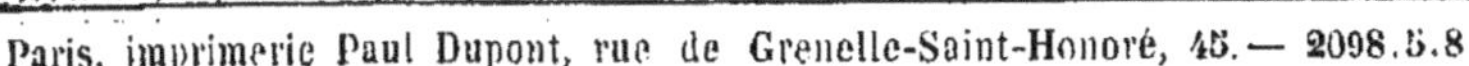

Paris, imprimerie Paul Dupont, rue de Grenelle-Saint-Honoré, 45. — 2098.5.8